Declaraciones
de La Habana

Declaraciones de La Habana

ocean
sur
O

7
SEVEN STORIES

New York • Oakland • London

Seven Stories Press/Ocean Sur
140 Watts Street
New York, NY 10013
www.sevenstories.com

ISBN: 978-1-925019-58-2

153688514

Índice

Introducción

El 3 de junio de 2009, la XXXIX Asamblea General de la Organización de Estados Americanos (OEA), reunida en San Pedro Sula, Honduras, derogó la decisión de excluir al Gobierno Revolucionario de Cuba del denominado Sistema Interamericano, adoptada en 1962, en Punta del Este, Uruguay, por la VIII Reunión de Consulta de Ministros de Relaciones Exteriores de esa organización, como resultado de las presiones y los sobornos realizados por el imperialismo norteamericano, y de la complicidad y el servilismo de los gobiernos latinoamericanos de aquella época.

El levantamiento de la «sanción» aún vigente contra Cuba por parte de la OEA, se produjo en una reunión en la cual fungieron como anfitriones el presidente Manuel Zelaya y la canciller Patricia Rodas, por iniciativa de la Alianza Bolivariana de los Pueblos de Nuestra América (ALBA) y con el respaldo de toda América Latina y el Caribe, razón por la cual el gobierno de los Estados Unidos optó por no oponerse, para que su aislamiento y su derrota no trascendieran de forma aún más pública y notoria. Esta era la muy demorada rectificación de una injusticia histórica que pesaba, como un inmerecido baldón, sobre la conciencia de los gobiernos latinoamericanos y caribeños de hoy, parte importante de los cuales son ejercidos por fuerzas progresistas y de izquierda. Así explicaban los promotores de esta iniciativa su insistencia en suspender la ignominiosa decisión de Punta del Este, no obstante la conocida determinación de Cuba de nunca retornar a la OEA.

Lo ocurrido en San Pedro Sula constituía un segundo golpe asestado en solo seis meses a la política imperialista de bloqueo y aislamiento contra la Revolución Cubana, pues el 17 de diciembre de 2008, en la Cumbre de América Latina y el Caribe celebrada en Costa de Sauípe, Brasil, Cuba había ingresado al Grupo de Río. Esta era también una rectificación, debido a que los gobernantes latinoamericanos —también serviles— de las décadas de 1980 y 1990, aquellos que ejecutaron contra viento y marea lo peor de la reestructuración neoliberal, no solo establecieron normas para impedir el ingreso de Cuba a este mecanismo regional de concertación, fundado en 1986, sino que lo utilizaron para estigmatizarla. En virtud de ese proceso, hoy el Gobierno Revolucionario de Cuba ostenta la condición de miembro fundador de la Comunidad de Estados Latinoamericanos y Caribeños (CELAC), constituida oficialmente en Caracas, Venezuela, en diciembre de 2010, y el presidente de los Consejos de Estado y de Ministros de nuestro país desempeñó la Presidencia Pro Tempore de esa organización durante el año 2013.

El cambio ocurrido en el mapa político latinoamericano y caribeño, que en la actualidad permite derrotar las exclusiones, confirma la certeza de los análisis y la justeza de los principios enunciados en los documentos fundacionales de la política exterior de la Revolución Cubana, a saber, la Primera Declaración de La Habana y la Segunda Declaración de La Habana, formuladas en medio de la vorágine de acción y reacción entre las primeras medidas sociales del Gobierno Revolucionario, y la política de agresión, bloqueo y aislamiento con la que el imperialismo norteamericano respondió a esa «amenaza» a su sistema de dominación continental.

La hostilidad del imperialismo norteamericano contra la Revolución Cubana comenzó a materializarse incluso antes de su triunfo, mediante el apoyo político y militar que brindó a la dictadura de Fulgencio Batista con el fallido propósito de que derrotara al Ejército Rebelde. Tras la huida del dictador, los representantes yanquis no escatimaron esfuerzos para tratar de impedir el traspaso del poder al Gobierno Revolucionario Provisional. Las primeras medidas de amplio beneficio social decretadas por ese gobierno, en especial, la Ley de Reforma Agraria aprobada el 17 de mayo de 1959, fueron el catalizador de la política anticubana de agresiones de diverso tipo, que, con readecuaciones periódicas, se mantiene hasta hoy.

En sus primeros años, la política anticubana del imperialismo incluyó la reafirmación del apoyo «colectivo» a la democracia representativa en la VI Reunión de Consulta de la OEA celebrada en Santiago de Chile (1959); la realización de acciones contrarrevolucionarias violentas, para lo cual, en enero de 1960, creó una «fuerza de tarea» especial de la Agencia Central de Inteligencia (CIA); la aprobación por parte de la VII Reunión de Consulta de la OEA de la Declaración de San José (1960); la invasión mercenaria por Playa Girón (1961); las exclusión de Cuba del llamado Sistema Interamericano acordada por la VIII Reunión de Consulta de la OEA en Punta del Este (1962); la colocación del mundo al borde de la guerra nuclear durante la Crisis de Octubre (1962); la ruptura de relaciones decretada por la IX Reunión de Consulta de la OEA en Washington D.C.; y el fomento de la acción criminal de bandas contrarrevolucionarias, hasta que su derrota definitiva, ocurrida a finales de la década de 1960, lo indujo a mantener la política de bloqueo y aislamiento, periódicamente actualizada y endurecida.

La Primera Declaración de La Habana, dada a conocer en un discurso del comandante Fidel Castro, aprobada a mano alzada por más de un millón de cubanos, constituidos en Asamblea General Nacional del Pueblo de Cuba en la Plaza de la Revolución «José Martí», el 2 de septiembre de 1960, fue la respuesta a la Declaración de San José, emitida por la VII Reunión de Consulta de la OEA, celebrada del 22 al 28 de agosto de ese mismo año en la capital costarricense, que calificaba la relación de Cuba con la Unión Soviética como una amenaza al continente y pretendía forzar su ruptura.

La Segunda Declaración de La Habana, también dada a conocer al pueblo cubano y al mundo en un discurso del comandante Fidel Castro, y también aprobada a mano alzada por más de un millón de cubanos congregados en la Plaza de la Revolución «José Martí», el 4 de febrero de 1962, fue la respuesta a la sanción adoptada contra Cuba el 30 de enero de ese año, por la VIII Reunión de Consulta de la OEA que, como ya se dijo, consistía en expulsar al Gobierno Revolucionario del Sistema Interamericano.

A las Declaraciones de La Habana le seguiría la aprobación, el 26 de julio de 1964, de la Declaración de Santiago de Cuba, en respuesta a la ruptura colectiva de relaciones diplomáticas, consulares y económicas, que había sido aprobada un día antes por la IX Reunión de Consulta de la OEA, realizada en Washington D.C.

México fue el único miembro de la OEA que no acató la resolución de romper con Cuba. El aislamiento casi total de la Revolución Cubana en el continente se mantuvo hasta los años setenta, cuando la descolonización de un grupo de países del Caribe, el surgimiento de varios gobiernos militares progresistas y la elección de Salvador Allende a la presidencia de Chile, condujeron al restablecimiento de las relaciones por parte de un creciente número de países. Ante esa situación, la XVI Reunión de Consulta de la OEA, efectuada en San José, en julio de 1975, levanta la sanción aislacionista vigente desde 1964, en parte debido a la presión de los nuevos gobiernos que cambiaban la correlación de fuerzas hasta entonces existente en la región, y en parte como reconocimiento tácito de la derrota sufrida por el imperialismo y sus aliados, que prefirieron suspender una medida que ya pocos acataban, antes que seguir viendo crecer la lista de quienes la desafiaban abiertamente. Desde aquel momento, fueron varios los intentos realizados por países latinoamericanos y caribeños para derogar también la exclusión de Cuba del Sistema Interamericano. De manera que lo ocurrido en Honduras el 3 de junio de 2009, es el desenlace de una batalla política iniciada alrededor de cuatro décadas antes.

Las Declaraciones de La Habana y los discursos pronunciados por el comandante Fidel Castro de presentación y fundamentación de cada una de ellas, son la plataforma de la política exterior de la Revolución Cubana, imbuida de una sólida concepción latinoamericanista y tercermundista.

> ¿Qué es la historia de Cuba —plantea la Segunda Declaración de La Habana— sino la historia de América Latina? ¿Y qué es la historia de América Latina sino la historia de Asia, África y Oceanía? ¿Y qué es la historia de todos estos pueblos sino la historia de la explotación más despiadada y cruel del imperialismo en el mundo entero?

Aún retumba la voz del Che Guevara en el salón de la Asamblea General de la ONU, desde que el 11 de diciembre de 1964 concluyó su alocución en el XIX período de sesiones de ese órgano, con una extensa cita de la Segunda Declaración de La Habana, cuyas líneas finales fueron:

> Porque esta gran humanidad ha dicho: «¡Basta!» y ha echado a andar. Y su marcha de gigantes, ya no se detendrá hasta conquistar la verdadera independencia, por la que ya han muerto más de una vez inútilmente. Ahora en todo caso, los que mueran, morirán como los de Cuba, los de Playa Girón, morirán por su única, verdadera e irrenunciable independencia.

Ahora que «esta masa anónima, esta América de color, sombría, taciturna, que canta en todo el Continente con una misma tristeza y desengaño, ahora [que] esta masa [...] empieza a entrar definitivamente en su propia historia, la empieza a escribir con su sangre, la empieza a sufrir y morir», salta de nuevo al primer plano la vigencia de las Declaraciones de La Habana, que Ocean Sur ofrece a sus lectores en este libro.

Roberto Regalado
La Habana, mayo de 2014.

Primera Declaración de La Habana

(2 de septiembre de 1960)

Junto a la imagen y el recuerdo de José Martí, en Cuba, Territorio Libre de América, el pueblo, en uso de las potestades inalienables que dimanan del efectivo ejercicio de la soberanía, expresada en el sufragio directo, universal y público, se ha constituido en Asamblea General Nacional.

En nombre propio, y recogiendo el sentir de los pueblos de nuestra América, la Asamblea General Nacional del Pueblo de Cuba,

PRIMERO: Condena en todos sus términos la denominada Declaración de San José de Costa Rica, documento dictado por el imperialismo norteamericano, y atentatorio a la autodeterminación nacional, la soberanía y la dignidad de los pueblos hermanos del continente.

SEGUNDO: La Asamblea General Nacional del Pueblo de Cuba condena enérgicamente la intervención abierta y criminal que durante más de un siglo ha ejercido el imperialismo norteamericano sobre todos los pueblos de América Latina; pueblos que más de una vez han visto invadido su suelo en México, Nicaragua, Haití, Santo Domingo o Cuba; que han perdido ante la voracidad de los imperialistas yankis extensas y ricas zonas, como Tejas, centros estratégicos vitales, como el Canal de Panamá, países enteros, como Puerto Rico, convertido en territorio de ocupación; que han sufrido, además, el trato vejaminoso de los infantes de marina, lo mismo contra nuestras mujeres e hijas que contra los símbolos más altos de la historia patria, como la efigie de José Martí.

Esa intervención, afianzada en la superioridad militar, en tratados desiguales y en la sumisión miserable de gobernantes traidores, ha convertido, a lo largo de más de cien años, a nuestra América, la América que Bolívar, Hidalgo, Juárez, San Martín, O'Higgins, Sucre, Tiradentes y Martí quisieron libre,[1] en zona de explotación, en traspatio del imperio financiero y político yanki, en reserva de votos para los organismos internacionales, en los cuales los países latinoamericanos hemos figurado como arrias del «Norte revuelto y brutal que nos desprecia».[2]

La Asamblea General Nacional del Pueblo de Cuba declara que la aceptación por parte de gobiernos que asumen oficialmente la representación de los países de América Latina de esa intervención continuada e históricamente irrefutable, traiciona los ideales independentistas de sus pueblos, borra su soberanía e impide la verdadera solidaridad entre nuestros países; lo que obliga a esta Asamblea a repudiarla, a nombre del pueblo de Cuba, y con voz que recoge la esperanza y la decisión de los pueblos latinoamericanos y el acento liberador de los próceres inmortales de nuestra América.

TERCERO: La Asamblea General Nacional del Pueblo de Cuba rechaza asimismo el intento de preservar la Doctrina de Monroe,[3] utilizada hasta ahora, como lo previera José Martí, para extender el dominio en América de los imperialistas voraces, para inyectar mejor el veneno también denunciado a tiempo por José Martí, «el veneno de los empréstitos de los canales, de los ferrocarriles...».

Por ello, frente al hipócrita panamericanismo que es solo predominio de los monopolios yankis sobre los intereses de nuestros pueblos y manejo yanki de gobiernos [prosternados][4] ante Washington, la Asamblea del Pueblo de Cuba proclama el latinoamericanismo liberador que late en José Martí y en Benito Juárez. Y, al extender la amistad hacia el pueblo norteamericano — el pueblo de los negros linchados, de los intelectuales perseguidos, de los obreros forzados a aceptar la dirección de gángsteres—, reafirma la voluntad de marchar «con todo el mundo y no con una parte de él».[5]

CUARTO: La Asamblea General Nacional del Pueblo de Cuba declara, que la ayuda espontáneamente ofrecida por la Unión Soviética a Cuba en caso de que nuestro país fuera atacado por fuerzas militares imperialistas, no podrá ser considerada jamás como un acto de intromisión, sino que constituye un evidente acto de solidaridad, y que esa ayuda, brindada a Cuba ante un inminente ataque del Pentágono yanki, honra tanto al Gobierno de la Unión Soviética que la ofrece, como deshonran al Gobierno de los Estados Unidos, sus cobardes y criminales agresiones contra Cuba.

POR TANTO: La Asamblea General Nacional del Pueblo de Cuba declara ante América y el mundo, que acepta y agradece el apoyo de los cohetes de la Unión Soviética, si su territorio fuere invadido por fuerzas militares de los Estados Unidos.

QUINTO: La Asamblea General Nacional del Pueblo de Cuba, niega categóricamente que haya existido pretensión alguna por parte de la Unión Soviética y la República Popular China de «utilizar la posición económica, política y social de Cuba, para quebrantar la unidad continental y poner en peligro la unidad del hemisferio».[6]

Desde el primero hasta el último disparo, desde el primero hasta el último de los 20 000 mártires que costó la lucha para derrocar la tiranía y conquistar el poder revolucionario, desde la primera hasta la última Ley revolucionaria, desde el primero hasta el último acto de la Revolución, el pueblo de Cuba ha actuado por libre y absoluta determinación propia, sin que, por tanto, se pueda culpar jamás a la Unión Soviética o a la República Popular China de la existencia de una revolución, que es la respuesta cabal de Cuba a los crímenes y las injusticias instaurados por el imperialismo en América.

Por el contrario, la Asamblea General Nacional del Pueblo de Cuba entiende que la política de aislamiento y hostilidad hacia la Unión Soviética y la República Popular China, preconizada por el gobierno de los Estados Unidos e impuesta por este a los gobiernos de la América Latina, y la conducta guerrerista y agresiva del gobierno norteamericano, y su negativa sistemática al ingreso de la

República Popular China en las Naciones Unidas pese a representar aquella la casi totalidad de un país de más de 600 millones de habitantes, si ponen en peligro la paz y la seguridad del hemisferio y del mundo.

POR TANTO: La Asamblea General Nacional del Pueblo de Cuba ratifica su política de amistad con todos los pueblos del mundo, reafirma su propósito de establecer relaciones diplomáticas también con todos los países socialistas, y desde este instante, en uso de su soberanía y libre voluntad, expresa al gobierno de la República Popular China, que acuerda establecer relaciones diplomáticas entre ambos países y que, por tanto, quedan rescindidas las relaciones que hasta hoy Cuba había mantenido con el régimen títere que sostienen en Formosa los barcos de la Séptima Flota yanki.

SEXTO: La Asamblea General Nacional del Pueblo de Cuba reafirma —y está segura de hacerla como expresión de un criterio común a los pueblos de América Latina—, que la democracia no es compatible con la oligarquía financiera, con la existencia de la discriminación del negro y los desmanes del Ku-Klux-Klan,[7] con la persecución que privó de sus cargos a científicos como Oppenheimer;[8] que impidió durante años que el mundo escuchara la voz maravillosa de Paul Robeson,[9] preso en su propio país, y que llevó a la muerte, ante la protesta y el espanto del mundo entero, y pese a la apelación de gobernantes de diversos países y del Papa Pío XII, a los esposos Rosenberg.[10]

La Asamblea General Nacional del Pueblo de Cuba, expresa la convicción cubana de que la democracia no puede consistir sólo en el ejercicio de un voto electoral, que casi siempre es ficticio y está manejado por latifundistas y políticos profesionales, sino en el derecho de los ciudadanos a decidir, como ahora lo hace esta Asamblea General del Pueblo de Cuba, sus propios destinos. La democracia, además, sólo existirá en América cuando los pueblos sean realmente libres para escoger, cuando los humildes no estén reducidos —por el hambre, la desigualdad social, el analfabetismo y los sistemas jurídicos—, a la más ominosa impotencia.

Por eso la Asamblea General Nacional del Pueblo de Cuba: condena el latifundio, fuente de miseria para el campesino y sistema de producción agrícola retrógrado e inhumano; condena los salarios de hambre y la explotación inicua del trabajo humano por bastardos y privilegiados intereses; condena el analfabetismo, la ausencia de maestros, de escuelas, de médicos y de hospitales; la falta de protección a la vejez que impera en los países de América; condena la discriminación del negro y del indio; condena la desigualdad y la explotación de la mujer; condena las oligarquías militares y políticas que mantienen a nuestros pueblos en la miseria, impiden su desarrollo democrático y el pleno ejercicio de su soberanía; condena las concesiones de los recursos naturales de nuestros países a los monopolios extranjeros como política entreguista y traidora al interés de los pueblos; condena a los gobiernos que desoyen el sentimiento de sus pueblos para acatar los mandatos de Washington; condena el engaño sistemático a los pueblos por órganos de divulgación que responden al interés de las oligarquías y a la política del imperialismo opresor; condena el monopolio de las noticias por agencias yankis, instrumentos de los *trusts* norteamericanos y agentes de Washington; condena las leyes represivas que impiden a los obreros, a los campesinos, a los estudiantes y los intelectuales, a las grandes mayorías de cada país, organizarse y luchar por sus reivindicaciones sociales y patrióticas; condena a los monopolios y empresas imperialistas que saquean continuamente nuestras riquezas, explotan a nuestros obreros y campesinos, desangran y mantienen en retraso nuestras economías, y someten la política de la América Latina a sus designios e intereses.

La Asamblea General Nacional del Pueblo de Cuba condena, en fin, la explotación del hombre por el hombre, y la explotación de los países subdesarrollados por el capital financiero imperialista. En consecuencia, la Asamblea General Nacional del Pueblo de Cuba, proclama ante América:

El derecho de los campesinos a la tierra; el derecho del obrero al fruto de su trabajo; el derecho de los niños a la educación; el derecho de los enfermos a la asistencia médica y hospitalaria; el derecho de los jóvenes al trabajo; el derecho de los estudiantes a la enseñanza libre, experimental y científica; el derecho de los negros y los indios a la «dignidad plena del hombre»;[11] el derecho de la mujer a la igualdad civil, social y política; el derecho del anciano a una vejez segura; el derecho de los intelectuales, artistas y científicos a luchar, con sus obras, por un mundo mejor; el derecho de los Estados a la nacionalización de los monopolios imperialistas, rescatando así las riquezas y recursos nacionales; el derecho de los países al comercio libre con todos los pueblos del mundo; el derecho de las naciones a su plena soberanía; el derecho de los pueblos a convertir sus fortalezas militares en escuelas, y a armar a sus obreros, a sus campesinos, a sus estudiantes, a sus intelectuales, al negro, al indio, a la mujer, al joven, al anciano, a todos los oprimidos y explotados, para que defiendan, por sí mismos, sus derechos y sus destinos.

SÉPTIMO: La Asamblea General Nacional del Pueblo de Cuba postula: El deber de los obreros, de los campesinos, de los estudiantes, de los intelectuales, de los negros, de los indios, de los jóvenes, de las mujeres, de los ancianos, a luchar por sus reivindicaciones económicas, políticas y sociales; el deber de las naciones oprimidas y explotadas a luchar por su liberación; el deber de cada pueblo a la solidaridad con todos los pueblos oprimidos, colonizados, explotados o agredidos, sea cual fuere el lugar del mundo en que éstos se encuentren y la distancia geográfica que los separe. ¡Todos los pueblos del mundo son hermanos!

OCTAVO: La Asamblea General Nacional del Pueblo de Cuba reafirma su fe en que la América Latina marchará pronto, unida y vencedora, libre de las ataduras que convierten sus economías en riqueza enajenada al imperialismo norteamericano y que le impiden hacer oír su

verdadera voz en las reuniones donde cancilleres domesti-
cados, hacen de coro infamante al amo despótico. Ratifica,
por ello, su decisión de trabajar por ese común destino
latinoamericano que permitirá a nuestros países edificar
una solidaridad verdadera, asentada en la libre voluntad
de cada uno de ellos y en las aspiraciones conjuntas de
todos. En la lucha por esa América Latina liberada, frente
a las voces obedientes de quienes usurpan su representación oficial, surge ahora, con potencia invencible, la voz
genuina de los pueblos, voz que se abre paso desde las
entrañas de sus minas de carbón y de estaño, desde sus
fábricas y centrales azucareros, desde sus tierras enfeuda-
das, donde rotos, cholos, gauchos, jíbaros, herederos de
[Emiliano] Zapata y de [Augusto C.] Sandino,[12] empuñan
las armas de su libertad, voz que resuena en sus poetas
y en sus novelistas, en sus estudiantes, en sus mujeres y
en sus niños, en sus ancianos desvelados. A esa voz hermana, la Asamblea General Nacional del Pueblo de Cuba
le responde: ¡Presente! Cuba no fallará. Aquí está hoy
Cuba para ratificar, ante América Latina y ante el mundo,
como un compromiso histórico, su dilema irrenunciable:
¡Patria o Muerte!

NOVENO: La Asamblea General Nacional del Pueblo
de Cuba resuelve que esta declaración sea conocida con el
nombre de Declaración de La Habana, Cuba, La Habana,
Territorio Libre de América, Septiembre 2 de 1960.

Sometemos esta Declaración de La Habana a la consi-
deración del pueblo, es decir, que los que apoyan la Declaración, levanten la mano (LA MULTITUD LEVANTA LA

MANO Y DURANTE VARIOS MINUTOS EXCLAMAN: «¡Ya votamos con Fidel!» y «¡Fidel, Fidel, qué tiene Fidel, que los americanos no pueden con él!» y «¡Viva Raúl Roa!»). Y ahora, falta algo. Y con la Declaración de San José, ¿qué hacemos? (EXCLAMACIONES DE: «¡La rompemos!») ¡La rompemos! (Fidel la rompe ante la multitud). Estos acuerdos de la Asamblea General Nacional del Pueblo de Cuba, que acabamos de efectuar, serán comunicados a todos los pueblos hermanos de América Latina.

Segunda Declaración de La Habana. Del pueblo de Cuba a los pueblos de América y del mundo

(4 de febrero de 1962)

Vísperas de su muerte, en carta inconclusa porque una bala española le atravesó el corazón, el 18 de mayo de 1895 José Martí, Apóstol de nuestra independencia, escribió a su amigo Manuel Mercado: «Ya puedo escribir [...]; ya estoy todos los días en peligro de dar mi vida por mi país, y por mi deber [...] de impedir a tiempo con la independencia de Cuba que se extiendan por las Antillas los Estados Unidos y caigan, con esa fuerza más, sobre nuestras tierras de América. Cuanto hice hasta hoy, y haré, es para eso [...] Las mismas obligaciones menores y públicas de los pueblos [...], más vitalmente interesados en impedir que en Cuba se abra, por la anexión de los imperialistas [...], el camino que se ha de cegar, y con nuestra sangre estamos cegando, de la anexión de los pueblos de nuestra América al Norte revuelto y brutal que los desprecia, —les habrían impedido la adhesión ostensible y ayuda patente a este sacrificio que se hace en bien inmediato y de ellos. Viví en el monstruo y le conozco sus entrañas; —y mi honda es la de David».[13]

Ya Martí, en 1895, señaló el peligro que se cernía sobre América y llamó al imperialismo por su nombre: imperialismo. A los pueblos de América advirtió que ellos estaban más que nadie interesados en que Cuba no sucumbiera a la codicia yanki, despreciadora de los pueblos latinoamericanos. Y con su propia sangre, vertida por Cuba y por América, rubricó las póstumas palabras que, en homenaje a su recuerdo, el pueblo de Cuba suscribe hoy a la cabeza de esta Declaración.

Han transcurrido 67 años. Puerto Rico fue convertido en colonia y es todavía colonia saturada de bases militares. Cuba cayó también en las garras del imperialismo. Sus tropas ocuparon nuestro territorio. La Enmienda Platt fue impuesta a nuestra primera Constitución, como cláusula humillante que consagraba el odioso derecho de intervención extranjera. Nuestras riquezas pasaron a sus manos, nuestra historia falseada, nuestra administración y nuestra política moldeada por entero a los intereses de los interventores; la nación sometida a 60 años de asfixia política, económica y cultural.

Pero Cuba se levantó. Cuba pudo redimirse a sí misma del bastardo tutelaje. Cuba rompió las cadenas que ataban su suerte al imperio opresor, rescató sus riquezas, reivindicó su cultura, y desplegó su bandera soberana de territorio y pueblo libre de América. Ya Estados Unidos no podrá caer jamás sobre América con la fuerza de Cuba, pero en cambio, dominando a la mayoría de los estados de América Latina, Estados Unidos pretende caer sobre Cuba con la fuerza de América.

¿Qué es la historia de Cuba sino la historia de América Latina? ¿Y qué es la historia de América Latina sino la historia de Asia, África y Oceanía? ¿Y qué es la historia de todos estos pueblos sino la historia de la explotación más despiadada y cruel del imperialismo en el mundo entero?

A fines del siglo pasado y comienzos del presente, un puñado de naciones económicamente desarrolladas habían terminado de repartirse el mundo, sometiendo a su dominio económico y político a las dos terceras partes de la humanidad, que, de esta forma, se vio obligada a trabajar para las clases dominantes del grupo de países de economía capitalista desarrollada. Las circunstancias históricas que permitieron a ciertos países europeos y a Estados Unidos de Norteamérica un alto nivel de desarrollo industrial, los situó en posición de poder someter a su dominio y explotación al resto del mundo.

¿Qué móviles impulsaron esa expansión de las potencias industrializadas? ¿Fueron razones de tipo moral, «civilizadoras», como ellos alegaban? No, fueron razones de tipo económico. Desde el descubrimiento de América,[14] que lanzó a los conquistadores europeos a través de los mares a ocupar y explotar las tierras y los habitantes de otros continentes, el afán de riqueza fue el móvil fundamental de su conducta. El propio descubrimiento de América se realizó en busca de rutas más cortas hacia el Oriente, cuyas mercaderías eran altamente pagadas en Europa.

Una nueva clase social, los comerciantes y los productores de artículos manufacturados para el comercio, surge del seno de la sociedad feudal de señores y siervos en las postrimerías de la Edad Media. La sed de oro fue el resorte que movió los esfuerzos de esa nueva clase. El afán de ganancia fue el incentivo de su conducta a través de su historia. Con el desarrollo de la industria manufacturera y el comercio fue creciendo su influencia social. Las nuevas fuerzas productivas que se desarrollaban en el seno de la sociedad feudal chocaban cada vez más con las relaciones de servidumbre propias del feudalismo, sus leyes, sus instituciones, su filosofía, su moral, su arte y su ideología política.

Nuevas ideas filosóficas y políticas, nuevos conceptos del derecho y del Estado fueron proclamados por los representantes intelectuales de la clase burguesa, los que por responder a las nuevas necesidades de la vida social, poco a poco se hicieron conciencia en las masas explotadas. Eran entonces ideas revolucionarias frente a las ideas caducas de la sociedad feudal. Los campesinos, los artesanos y los obreros de las manufacturas, encabezados por la burguesía, echaron por tierra el orden feudal, su filosofía, sus ideas, sus instituciones, sus leyes y los privilegios de la clase dominante, es decir, la nobleza hereditaria.

Entonces la burguesía consideraba justa y necesaria la revolución. No pensaba que el orden feudal podía y debía ser eterno, como piensa ahora de su orden social capitalista. Alentaba a los campesinos a librarse de la servidumbre feudal, alentaba a los artesanos contra las relaciones gremiales, y reclamaba el derecho al poder político. Los monarcas absolutos, la nobleza y el alto clero defendían tenazmente sus privilegios de clase, proclamando el derecho divino de la corona y la intangibilidad del orden social. Ser liberal, proclamar las ideas de Voltaire, [Denis] Diderot o Juan Jacobo Rousseau, portavoces de la filosofía burguesa, constituía entonces para las clases dominantes un delito tan grave como es hoy para la burguesía ser socialista y proclamar las ideas de [Carlos] Marx, [Federico] Engels y [Vladimir Ilich] Lenin.

Cuando la burguesía conquistó el poder político y estableció sobre las ruinas de la sociedad feudal su modo capitalista de producción, sobre ese modo de producción erigió su Estado, sus leyes, sus ideas e instituciones. Esas instituciones consagraban, en primer término, la esencia de su dominación de clase: la propiedad privada. La nueva sociedad, basada en la propiedad privada sobre los medios de producción y en la libre competencia, quedó así dividida en dos clases fundamentales: una, poseedora de los medios de producción, cada vez más modernos y eficientes; la otra, desprovista de toda riqueza, poseedora solo de su fuerza de trabajo, obligada a venderla en el mercado como una mercancía más para poder subsistir.

Rotas las trabas del feudalismo, las fuerzas productivas se desarrollaron extraordinariamente. Surgieron las grandes fábricas donde se acumulaba un número cada vez mayor de obreros. Las fábricas más modernas y técnicamente eficientes iban desplazando del mercado a los competidores menos eficaces. El costo de los equipos industriales se hacía cada vez mayor; era necesario acumular cada vez sumas superiores de capital. Una parte importante de la producción se fue acumulando en un número menor de manos. Surgieron así las grandes empresas capitalistas y, más adelante, las asociaciones de grandes empresas a través de cártel, sindicatos, *trusts* y consorcios, según el grado y el carácter de la asociación, controlados por los poseedores de la mayoría de las acciones, es decir, por los más poderosos caballeros de la industria. La libre concurrencia, característica del capitalismo en su primera fase, dio paso a los monopolios que concertaban acuerdos entre sí y controlaban los mercados.

¿De dónde salieron las colosales sumas de recursos que permitieron a un puñado de monopolistas acumular miles de millones de dólares? Sencillamente, de la explotación del trabajo humano. Millones de hombres, obligados a trabajar por un salario de subsistencia, produjeron con su esfuerzo los gigantescos capitales de los monopolios. Los trabajadores acumularon las fortunas de las clases privilegiadas, cada vez más ricas, cada vez más poderosas. A través de las instituciones bancarias llegaron a disponer estas no solo de su propio dinero, sino también del dinero de toda la sociedad. Así se produjo la fusión de los bancos con la gran industria y nació el capital financiero. ¿Qué hacer entonces con los grandes excedentes de capital que en cantidades mayores se iba acumulando? Invadir con ellos el mundo. Siempre en pos de la ganancia, comenzaron a apoderarse de las riquezas naturales de todos los países económicamente débiles y a explotar el trabajo humano de sus pobladores con salarios mucho más míseros que los que se veían obligados a pagar a los obreros de la propia metrópoli. Se inició así el reparto territorial y económico del mundo. En 1914, ocho o diez países imperialistas habían sometido a su dominio económico y político, fuera de sus fronteras, a territorios cuya extensión ascendía a 83 700 000 kilómetros cuadrados, con una población de 970 millones de habitantes. Sencillamente se habían repartido el mundo.

Pero como el mundo era limitado en extensión, repartido ya hasta el último rincón del globo, vino el choque entre los distintos países monopolistas y surgieron las pugnas por nuevos repartos, originadas en la distribución no proporcional al poder industrial y económico que los distintos países monopolistas, en desarrollo desigual, habían alcanzado. Estallaron las guerras imperialistas, que costarían a la humanidad 50 millones de muertos, decenas de millones de inválidos e incalculables riquezas materiales y culturales destruidas. Aún no había sucedido esto cuando ya Marx escribió que «el capital recién nacido rezumaba sangre y fango por todos los poros, desde los pies a la cabeza».

El sistema capitalista de producción, una vez que hubo dado de sí todo lo que era capaz, se convirtió en un abismal obstáculo al progreso de la humanidad. Pero la burguesía, desde su origen, llevaba en sí misma su contrario. En su seno se desarrollaron gigantescos instrumentos productivos, pero a su vez se desarrolló una nueva y vigorosa fuerza social: el proletariado, llamado a cambiar el sistema social ya viejo y caduco del capitalismo por una forma económico-social superior y acorde con las posibilidades históricas de la sociedad humana, convirtiendo en propiedad de toda la sociedad esos gigantescos medios de producción que los pueblos, y nada más que los pueblos con su trabajo, habían creado y acumulado. A tal grado de desarrollo de las fuerzas productivas, resultaba absolutamente caduco y anacrónico un régimen que postulaba la posesión privada y, con ello, la subordinación de la economía de millones y millones de seres humanos a los dictados de una exigua minoría social.

Los intereses de la humanidad reclamaban el cese de la anarquía en la producción, el derroche, las crisis económicas y las guerras de rapiña propias del sistema capitalista. Las crecientes necesidades del género humano y la posibilidad de satisfacerlas, exigían el desarrollo planificado de la economía y la utilización racional de sus medios de producción y recursos naturales. Era inevitable que el imperialismo y el colonialismo entraran en profunda e insalvable crisis. La crisis general se inició a raíz de la Primera Guerra Mundial, con la revolución de los obreros y campesinos que derrocó al imperio zarista de Rusia e implantó, en dificilísimas condiciones de cerco y agresión capitalistas, el primer Estado socialista del mundo, iniciando una nueva era en la historia de la humanidad. Desde entonces hasta nuestros días, la crisis y la descomposición del sistema imperialista se han acentuado incesantemente.

La Segunda Guerra Mundial desatada por las potencias imperialistas, y que arrastró a la Unión Soviética y a otros pueblos de Europa y de Asia, criminalmente invadidos, a una sangrienta lucha de liberación, culminó en la derrota del fascismo, la formación del campo mundial del socialismo, y la lucha de los pueblos coloniales y dependientes por su soberanía. Entre 1945 y 1957, más de 1 200 millones de seres humanos conquistaron su independencia en Asia y en África. La sangre vertida por los pueblos no fue en vano. El movimiento de los pueblos dependientes y colonizados es un fenómeno de carácter universal que agita al mundo y marca la crisis final del imperialismo.

Cuba y América Latina forman parte del mundo. Nuestros problemas forman parte de los problemas que se engendran de la crisis general del imperialismo y la lucha de los pueblos subyugados; el choque entre el mundo que nace y el mundo que muere. La odiosa y brutal campaña desatada contra nuestra patria expresa el esfuerzo desesperado como inútil que los imperialistas hacen para evitar la liberación de los pueblos. Cuba duele de manera especial a los imperialistas. ¿Qué es lo que esconde tras el odio yanki a la Revolución Cubana? ¿Qué explica racionalmente la conjura que reúne en el mismo propósito agresivo a la potencia imperialista más rica y poderosa del mundo contemporáneo y a las oligarquías de todo un continente, que juntos suponen representar una población de 350 millones de seres humanos, contra un pequeño pueblo de solo siete millones de habitantes, económicamente subdesarrollado, sin recursos financieros ni militares para amenazar ni la seguridad ni la economía de ningún país? Los une y los concita el miedo. Lo explica el miedo. No el miedo a la Revolución Cubana; el miedo a la Revolución

Latinoamericana. No el miedo a los obreros, campesinos, estudiantes, intelectuales y sectores progresistas de las capas medias que han tomado revolucionariamente el poder en Cuba, sino el miedo a que los obreros, campesinos, estudiantes, intelectuales y sectores progresistas de las capas medias tomen revolucionariamente el poder en los pueblos oprimidos, hambrientos y explotados por los monopolios yanki y la oligarquía reaccionaria de América; el miedo a que los pueblos saqueados del continente arrebaten las armas a sus opresoras y se declaren, como Cuba, pueblos libres de América.

Aplastando la Revolución Cubana, creen disipar el miedo que los atormenta, el fantasma de la revolución que los amenaza. Liquidando a la Revolución Cubana, creen liquidar el espíritu revolucionario de los pueblos. Pretenden, en su delirio, que Cuba es exportadora de revoluciones. En sus mentes de negociantes y usureros insomnes cabe la idea de que las revoluciones se pueden comprar o vender, alquilar, prestar, exportar o importar como una mercancía más. Ignorantes de las leyes objetivas que rigen el desarrollo de las sociedades humanas, creen que sus regímenes monopolistas, capitalistas y semifeudales son eternos.

Educados en su propia ideología reaccionaria, mezcla de superstición, ignorancia, subjetivismo, pragmatismo, y otras aberraciones del pensamiento, tienen una imagen del mundo y de la marcha de la historia acomodada a sus intereses de clases explotadoras. Suponen que las revoluciones nacen o mueren en el cerebro de los individuos o por efecto de las leyes divinas y que, además, los dioses están de su parte. Siempre han creído lo mismo, desde los devotos paganos patricios en la Roma esclavista, que lanzaban a los cristianos primitivos a los leones del circo, y los inquisidores en la Edad Media que, como guardianes del feudalismo y la monarquía absoluta, inmolaban en la hoguera a los primeros representantes del pensamiento liberal de la naciente burguesía, hasta los obispos que hoy, en defensa del régimen burgués y monopolista, anatematizan las revoluciones proletarias.

Todas las clases reaccionarias en todas las épocas históricas, cuando el antagonismo entre explotadores y explotados llega a su máxima tensión, presagiando el advenimiento de un nuevo régimen social, han acudido a las peores armas de la represión y la calumnia contra sus adversarios. Acusados de incendiar a Roma y de sacrificar niños en sus altares, los cristianos primitivos fueron llevados al martirio. Acusados de herejes fueron llevados por los inquisidores a la hoguera filósofos como Giordano Bruno, reformadores como [Juan] Huss y miles de inconformes más con el orden feudal.

Sobre los luchadores proletarios se ensaña hoy la persecución y el crimen, precedidos de las peores calumnias en la prensa monopolista y burguesa. Siempre, en cada época histórica, las clases dominantes han asesinado invocando la defensa de la sociedad, del orden, de la patria: «su sociedad» de minorías privilegiadas sobre mayorías explotadas, «su orden clasista» que mantienen a sangre y fuego sobre los desposeídos, «la patria» que disfrutan ellos solos, privando de ese disfrute al resto del pueblo, para reprimir a los revolucionarios que aspiran a una sociedad nueva, un orden justo, una patria verdadera para todos.

Pero el desarrollo de la historia, la marcha ascendente de la humanidad, no se detiene ni puede detenerse. Las fuerzas que impulsan a los pueblos —que son los verdaderos constructores de la historia—, determinadas por las condiciones materiales de su existencia y la aspiración a metas superiores de bienestar y libertad, que surgen cuando el progreso del hombre en el campo de la ciencia, de la técnica y de la cultura lo hacen posible, son superiores a la voluntad y al terror que desatan las oligarquías dominantes.

Las condiciones subjetivas de cada país —es decir, el factor conciencia, organización, dirección— pueden acelerar o retrasar la revolución según su mayor o menor grado de desarrollo; pero tarde o temprano, en cada época histórica, cuando las condiciones objetivas maduran, la conciencia se adquiere, la organización se logra, la dirección surge y la revolución se produce. Que esta tenga lugar por cauces pacíficos o nazca al mundo después de un parto doloroso, no depende de los revolucionarios; depende de las fuerzas reaccionarias de la vieja sociedad, que se resisten a dejar nacer la sociedad nueva que es engendrada por las contradicciones que lleva en su seno la vieja sociedad. La revolución es en la historia como el médico que asiste el nacimiento de una nueva vida. No usa sin necesidad los aparatos de fuerza, pero los usa sin vacilaciones cada vez que sea necesario para ayudar al parto; parto que trae a las masas esclavizadas y explotadas la esperanza de una vida mejor.

En muchos países de América Latina la revolución es hoy inevitable. Ese hecho no lo determina la voluntad de nadie; está determinado por las espantosas condiciones de explotación en que vive el hombre americano, el desarrollo de la conciencia revolucionaria de las masas, la crisis mundial del imperialismo y el movimiento universal de lucha de los pueblos subyugados. La inquietud que hoy se registra es síntoma inequívoco de rebelión. Se agitan las entrañas de un continente que ha sido testigo de cuatro siglos de explotación esclava, semiesclava y feudal del hombre, desde sus moradores aborígenes y los esclavos traídos de África, hasta los núcleos nacionales que surgieron después; blancos, negros, mulatos, mestizos e indios a los que hoy hermanan el desprecio, la humillación y el yugo yanki, como hermana la esperanza de un mañana mejor.

Los pueblos de América se liberaron del coloniaje español a principios del siglo pasado, pero no se liberaron de la explotación. Los terratenientes feudales asumieron la autoridad de los gobernantes españoles, los indios continuaron en penosa servidumbre, el hombre latinoamericano en una u otra forma siguió esclavo y las mínimas esperanzas de los pueblos sucumbieron bajo el poder de las oligarquías y la coyunda del capital extranjero. Esta ha sido la verdad de América, con uno u otro matiz, con alguna que otra vertiente. Hoy América Latina yace bajo un imperialismo mucho más feroz, más poderoso y más despiadado que el imperio colonial español.

Y ante la realidad objetiva e históricamente inexorable de la revolución latinoamericana, ¿cuál es la actitud del imperialismo yanki? Disponerse a librar una guerra colonial con los pueblos de América Latina; crear el aparato de fuerza, los pretextos políticos y los instrumentos seudo legales suscritos con los representantes de las oligarquías reaccionarias para reprimir a sangre y fuego la lucha de los pueblos latinoamericanos. La intervención del gobierno de Estados Unidos en la política interna de los países de América Latina ha ido siendo cada vez más abierta y desenfrenada. La Junta Interamericana de Defensa, por ejemplo, ha sido y es el nido donde se incuban los oficiales más reaccionarios y proyankis de los ejércitos latinoamericanos, utilizados después como instrumentos golpistas al servicio de los monopolios. Las misiones militares norteamericanas en América Latina constituyen un aparato de espionaje permanente en cada nación, vinculado estrechamente a la Agencia Central de Inteligencia [CIA, por sus siglas en inglés], inculcando a los oficiales los sentimientos más reaccionarios y tratando de convertir los ejércitos en instrumentos de sus intereses políticos y económicos.

Actualmente, en la zona del Canal de Panamá, el alto mando norteamericano ha organizado cursos especiales de entrenamiento para oficiales latinoamericanos, de lucha contra guerrillas revolucionarias, [y] dirigidos a reprimir la acción armada de las masas campesinas contra la explotación feudal a que están sometidas. En los propios Estados Unidos la Agencia Central de Inteligencia ha organizado escuelas especiales para entrenar agentes latinoamericanos en las más sutiles formas de asesinato, y es política acordada por los servicios militares yankis la liquidación física de los dirigentes antiimperialistas. Es notorio que las embajadas yankis en distintos países de América Latina están organizando, instruyendo y equipando bandas fascistas para sembrar el terror y agredir las organizaciones obreras, estudiantiles e intelectuales. Esas bandas, donde reclutan a los hijos de la oligarquía, a lumpen y gente de la peor calaña moral, han perpetrado ya una serie de actos agresivos contra los movimientos de las masas.

Nada más evidente e inequívoco de los propósitos del imperialismo que su conducta en los recientes sucesos de Santo Domingo. Sin ningún tipo de justificación, sin mediar siquiera relaciones diplomáticas con esa república, Estados Unidos, después de situar sus barcos de guerra frente a la capital dominicana, declararon, con su habitual insolencia, que si el gobierno de [Joaquín] Balaguer solicitaba ayuda militar, desembarcarían sus tropas en Santo Domingo contra la insurgencia del pueblo dominicano.[15] Que el poder de Balaguer fuera absolutamente espurio, que cada pueblo soberano de América deba tener derecho a resolver sus problemas internos sin intervención extranjera, que existan normas internacionales y una opinión mundial, que incluso existiera una OEA, no contaba para nada en las consideraciones de Estados Unidos. Lo que sí contaban eran sus designios de impedir la revolución dominicana, la reimplantación de los odiosos desembarcos de su infantería de marina; sin más base ni requisito para fundamentar ese nuevo concepto filibustero del derecho, que la simple solicitud de un gobernante tiránico, ilegítimo y en crisis.

Lo que esto significa no debe escapar a los pueblos. En América Latina hay sobrados gobernantes de ese tipo, dispuestos a utilizar las tropas yankis contra sus respectivos pueblos cuando se vean en crisis. Esta política declarada del imperialismo norteamericano, de enviar soldados a combatir el movimiento revolucionario en cualquier país de América Latina, es decir, a matar obreros, estudiantes, campesinos, a hombres y mujeres latinoamericanos, no tiene otro objetivo que el de seguir manteniendo sus intereses monopolistas y los privilegios de la oligarquía traidora que los apoya. Ahora se puede ver con toda claridad que los pactos militares suscritos por el gobierno de Estados Unidos con gobiernos latinoamericanos — pactos secretos muchas veces y siempre a espaldas de los pueblos— invocando hipotéticos peligros exteriores que nadie vio nunca por ninguna parte, tenían el único y exclusivo objetivo de prevenir la lucha de los pueblos; eran pactos contra los pueblos, contra el único peligro: el peligro interior del movimiento de liberación que pusiera en riesgo los intereses yankis. No sin razón los pueblos se preguntaban: ¿Por qué tantos convenios militares? ¿Para qué los envíos de armas que, si técnicamente son inadecuadas para una guerra moderna, son en cambio eficaces para aplastar huelgas, reprimir manifestaciones populares y ensangrentar el país? ¿Para qué las misiones militares, el Pacto de Río de Janeiro y las mil y una conferencias internacionales?[16]

Desde que culminó la Segunda Guerra Mundial, las naciones de América Latina se han ido depauperando cada vez más; sus exportaciones tienen cada vez menos valor; sus importaciones precios más altos; el ingreso per cápita disminuye; los pavorosos porcentajes de mortalidad infantil no decrecen; el número de analfabetos es superior; los pueblos carecen de trabajo, de tierras, de viviendas adecuadas, de escuelas, de hospitales, de vías de comunicación y de medios de vida. En cambio, las inversiones norteamericanas sobrepasan los 10 000 millones de dólares. América Latina es, además, abastecedora de materias primas baratas y compradora de artículos elaborados caros. Como los primeros conquistadores españoles, que cambiaban a los indios espejos y baratijas por oro y plata, así comercia con América Latina Estados Unidos. Conservar ese torrente de riqueza, apoderarse cada vez más de los recursos de América y explotar a sus pueblos sufridos: he ahí lo que se ocultaba tras los pactos militares, las misiones castrenses y los cabildeos diplomáticos de Washington.

Esta política de paulatino estrangulamiento de la soberanía de las naciones latinoamericanas, y de manos libres para intervenir en sus asuntos internos, tuvo su punto culminante en la última reunión de cancilleres. En Punta del Este el imperialismo yanki reunió a los cancilleres, para arrancarles mediante presión política y chantaje económico sin precedentes, con la complicidad de un grupo de los más desprestigiados gobernantes de este continente, la renuncia a la soberanía nacional de nuestros pueblos y la consagración del odiado derecho de intervención yanki en los asuntos internos de América; el sometimiento de los pueblos a la voluntad omnímoda de Estados Unidos de Norteamérica, contra la cual lucharon todos los próceres, desde [Simón] Bolívar hasta [Augusto C.] Sandino. Y no se ocultaron ni el gobierno de Estados Unidos, ni los representantes de las oligarquías explotadoras, ni la gran prensa reaccionaria vendida a los monopolios y a los señores feudales, para demandar abiertamente acuerdos que equivalen a la supresión formal del derecho de autodeterminación de nuestros pueblos, borrarlo de un plumazo, en la conjura más infame que recuerda la historia de este continente.

A puertas cerradas, entre conciliábulos repugnantes donde el ministro yanki de colonias dedicó días enteros a vencer la resistencia y los escrúpulos de algunos cancilleres,[17] poniendo en juego los millones de la tesorería yanki en una indisimulada compraventa de votos, un puñado de representantes de las oligarquías de países que en conjunto apenas suman un tercio de la población del continente, impuso acuerdos que sirven en bandeja de plata al amo yanki la cabeza de un principio que costó toda la sangre de nuestros pueblos desde las guerras de independencia.

El carácter pírrico de tan tristes y fraudulentos logros del imperialismo, de su fracaso moral, la unanimidad rota y el escándalo universal, no disminuyen la gravedad que entraña para los pueblos de América Latina los acuerdos que impusieron a ese precio. En aquel cónclave inmoral, la voz titánica de Cuba se elevó sin debilidad ni miedo para acusar ante todos los pueblos de América y del mundo el monstruoso atentado, y defender virilmente, y con dignidad que constará en los anales de la historia, no solo el derecho de Cuba, sino el derecho desamparado de todas las naciones hermanas del continente americano. La palabra de Cuba no podía tener eco en aquella mayoría amaestrada, pero tampoco podía tener respuesta; solo cabía el silencio impotente ante sus demoledores argumentos, ante la diafanidad y valentía de sus palabras.

Pero Cuba no habló para los cancilleres. Cuba habló para los pueblos y para la historia, donde sus palabras tendrán eco y respuestas. En Punta del Este se libró una gran batalla ideológica entre la Revolución Cubana y el imperialismo yanki. ¿Qué representaba allí, por quién habló cada uno de ellos? Cuba representó los pueblos; Estados Unidos representó los monopolios. Cuba habló por las masas explotadas de América; Estados Unidos por los intereses oligárquicos explotadores e imperialistas. Cuba por la soberanía; Estados Unidos por la intervención. Cuba por la nacionalización de las empresas extranjeras; Estados Unidos por nuevas inversiones de capital foráneo. Cuba por la cultura; Estados Unidos por la ignorancia. Cuba por la reforma agraria; Estados Unidos por el latifundio. Cuba por la industrialización de América; Estados Unidos por el subdesarrollo. Cuba por el trabajo creador; Estados Unidos por el sabotaje y el terror contra-rrevolucionario que practican sus agentes, la destrucción de cañaverales y fábricas, los bombardeos de sus aviones piratas contra el trabajo de un pueblo pacífico. Cuba por los alfabetizadores asesinados;[18] Estados Unidos por los asesinos. Cuba por el pan; Estados Unidos por el hambre. Cuba por la igualdad; Estados Unidos por el privilegio y la discriminación. Cuba por la verdad; Estados Unidos por la mentira. Cuba por la liberación; Estados Unidos por la opresión. Cuba por el porvenir luminoso de la humanidad; Estados Unidos por el pasado sin esperanza. Cuba por los héroes que cayeron en [Playa] Girón para salvar la patria del dominio extranjero; Estados Unidos por los mercenarios y traidores que sirven al extranjero contra su patria. Cuba por la paz entre los pueblos; Estados Unidos por la agresión y la guerra. Cuba por el socialismo; Estados Unidos por el capitalismo.

Los acuerdos obtenidos por Estados Unidos con métodos tan bochornosos que el mundo entero critica, no restan sino que acrecientan la moral y la razón de Cuba; demuestran el entreguismo y la traición de las oligarquías a los intereses nacionales y enseñan a los pueblos el camino de la liberación; revelan la podredumbre de las clases explotadoras, en cuyo nombre hablaron sus representantes en Punta del Este. La OEA quedó desenmascarada como lo que es; un ministerio de colonias yankis, una alianza militar, un aparato de represión contra el movimiento de liberación de los pueblos latinoamericanos.

Cuba ha vivido tres años de Revolución bajo incesante hostigamiento de intervención yanki en nuestros asuntos internos. Aviones piratas, procedentes de Estados Unidos, lanzando materias inflamables, han quemado millones de arrobas de caña; actos de sabotaje internacional perpetrados por agentes yankis, como la explosión del vapor *La Coubre*,[19] han costado decenas de vidas cubanas; miles de armas norteamericanas de todo tipo han sido lanzadas en paracaídas por los servicios militares de Estados Unidos sobre nuestro territorio para promover la subversión; cientos de toneladas de materiales explosivos y máquinas infernales han sido desembarcados subrepticiamente en nuestras costas por lanchas norteamericanas para promover el sabotaje y el terrorismo; un obrero cubano fue torturado en la Base Naval de Guantánamo y privado de la vida sin proceso previo ni explicación posterior alguna; nuestra cuota azucarera fue suprimida abruptamente, y proclamado el embargo de piezas y materias primas para fábricas y maquinarias de construcción norteamericana para arruinar nuestra economía; barcos artillados y aviones de bombardeo, procedentes de bases preparadas por el gobierno de Estados Unidos, han atacado sorpresivamente puertos e instalaciones cubanas; tropas mercenarias, organizadas y entrenadas en países de América Central por el propio gobierno [estadounidense] han invadido en son de guerra nuestro territorio, escoltadas por barcos de la flota yanki y con apoyo aéreo desde bases exteriores, provocando la pérdida de numerosas vidas y la destrucción de bienes materiales; contrarrevolucionarios cubanos son instruidos en el Ejército de Estados Unidos y nuevos planes de agresión se realizan contra Cuba. Todo eso ha estado ocurriendo durante tres años incesantemente, a la vista de todo el continente, y la OEA no se entera. Los cancilleres se reúnen en Punta del Este, y no amonestan siquiera al gobierno de Estados Unidos ni a los gobiernos que son cómplices materiales de esas agresiones. Expulsan a Cuba, el país latinoamericano víctima, el país agredido.

Estados Unidos tiene pactos militares con países de todos los continentes; bloques militares con cuanto gobierno fascista, militarista y reaccionario hay en el mundo: la OTAN, la SEATO y la CENTO,[20] a los cuales hay que agregar ahora la OEA; interviene en Laos, en Vietnam, en Corea, en Formosa, en Berlín; envía abiertamente barcos a Santo Domingo para imponer su ley, su voluntad, y anuncia su propósito de usar sus aliados de la OTAN para bloquear el comercio con Cuba, y la OEA no se entera. Se reúnen los cancilleres y expulsan a Cuba, que no tiene pactos militares con ningún país. Así, el gobierno que organiza la subversión en todo el mundo y forja alianzas militares en [los] cuatro continentes, hace expulsar a Cuba, acusándola nada menos que de subversión de vinculaciones extracontinentales.

Cuba, el país latinoamericano que ha convertido en dueños de las tierras a más de 100 000 pequeños agricultores, asegurado empleo todo el año en granjas y cooperativas a todos los obreros agrícolas, transformado los cuarteles en escuelas, concedido 60 000 becas a estudiantes universitarios, secundarios y tecnológicos, creado aulas para la totalidad de la población infantil, liquidado totalmente el analfabetismo, cuadruplicado los servicios médicos, nacionalizado las empresas monopolistas, suprimido el abusivo sistema que convertía la vivienda en un medio de explotación para el pueblo, eliminado virtualmente el desempleo, suprimido la discriminación por motivo de raza o sexo, barrido el juego, el vicio y la corrupción administrativa, armado al pueblo, hecho realidad viva el disfrute de los derechos humanos al librar al hombre y a la mujer de la explotación, la incultura y la desigualdad social; que se ha liberado de todo tutelaje extranjero, adquirido plena soberanía y establecido las bases para el desarrollo de su economía a fin de no ser más país monoproductor y exportador de materias primas, es expulsada de la Organización de Estados Americanos por gobiernos que no han logrado para sus pueblos ni una sola de estas reivindicaciones.

¿Cómo podrán justificar su conducta ante los pueblos de América y del mundo? ¿Cómo podrán negar que en su concepto la política de tierra, de pan, de trabajo, de salud, de libertad, de igualdad y de cultura, de desarrollo acelerado de la economía, de dignidad nacional, de plena autodeterminación y soberanía, es incompatible con el hemisferio?

Los pueblos piensan muy distinto. Los pueblos piensan que lo único incompatible con el destino de América

Latina es la miseria, la explotación feudal, el analfabetismo, los salarios de hambre, el desempleo, la política
de represión contra las masas obreras, campesinas y
estudiantiles, la discriminación de la mujer, del negro,
del indio, del mestizo, la opresión de las oligarquías, el
saqueo de sus riquezas por los monopolios yankis, la asfixia moral de sus intelectuales y artistas, la ruina de sus
pequeños productores por la competencia extranjera, el
subdesarrollo económico, los pueblos sin caminos, sin
hospitales, sin viviendas, sin escuelas, sin industrias,
el sometimiento al imperialismo, la renuncia a la soberanía nacional y la traición a la patria. ¿Cómo podrán
hacer entender su conducta, la actitud condenatoria para
con Cuba, los imperialistas? ¿Con qué palabras les van
a hablar y con qué sentimiento, a quienes han ignorado,
aunque sí explotado, por tan largo tiempo?

Quienes estudian los problemas de América, suelen
preguntar qué país, quiénes han enfocado con corrección
la situación de los indigentes, de los pobres, de los indios,
de los negros, de la infancia desvalida, esa inmensa infancia de 30 millones en 1950 —que será de 50 millones
dentro de ocho años más. Sí, ¿quiénes, qué país? 32 millones de indios vertebran —tanto como la misma Cordillera
de los Andes— el continente americano entero. Claro que
para quienes lo han considerado casi como una cosa, más
que como una persona, esa humanidad no cuenta, no
contaba y creían que nunca contaría. Como suponía, no
obstante, una fuerza ciega de trabajo, debía ser utilizada,
como se utiliza una yunta de bueyes o un tractor. ¿Cómo

podrá creerse en ningún beneficio, en ninguna Alianza para el Progreso, con el imperialismo; bajo qué juramento, si bajo su santa protección, sus matanzas, sus persecuciones aun viven los indígenas del sur del continente, como los de la Patagonia, en toldos, como vivían sus antepasados a la venida de los descubridores, casi quinientos años atrás; donde los que fueron grandes razas que poblaron el norte argentino, Paraguay y Bolivia, como los guaraníes, que han sido diezmados ferozmente, como quien caza animales y a quienes se les han enterrado en los interiores de las selvas; donde a esa reserva autóctona, que pudo servir de base a una gran civilización americana —y cuya extinción se la apresura por instantes— y a la que se le ha empujado América adentro a través de los esteros paraguayos y los altiplanos bolivianos, tristes, rudimentarios, razas melancólicas, embrutecidas por el alcohol y los narcóticos, a los que se acogen para por lo menos sobrevivir en las infrahumanas condiciones (no solo de alimentación) en que viven; donde una cadena de manos se estira —casi inútilmente, todavía—, se viene estirando por siglos inútilmente, por sobre los lomos de la cordillera, sus faldas, a lo largo de los grandes ríos y por entre las sombras de los bosques, para unir sus miserias con los demás que perecen lentamente, las tribus brasileñas y las del norte del continente y sus costas, hasta alcanzar a los 100 000 motilones de Venezuela, en el más increíble atraso y salvajemente confinados en las selvas amazónicas o las sierras de Perijá, a los solitarios vapichanas que en las tierras calientes de las Guayanas esperan su final, ya casi perdidos definitivamente para la suerte de los humanos? Sí, a todos estos 32 millones de indios que se extienden desde la frontera con Estados Unidos hasta los confines del hemisferio del sur y 45 millones de mestizos, que en gran parte poco difieren de los indios; a todos estos indígenas, a este formidable caudal de trabajo, de derechos pisoteados, sí, ¿qué les puede ofrecer el imperialismo? ¿Cómo podrán creer estos ignorados en ningún beneficio que venga de tan sangrientas manos? Tribus enteras que aún viven desnudas; otras que se las suponen antropófagas; otras que, en el primer contacto con la civilización conquistadora, mueren como insectos; otras que se las destierra, es decir, se las echa de sus tierras, se las empuja hasta volcarlas en los bosques o en las montañas o en las profundidades de los llanos en donde no llega ni el menor átomo de cultura, de luz, de pan, ni de nada. ¿En qué «alianza» —como no sea en una para su más rápida muerte— van a creer estas razas indígenas apaleadas por siglos, muertas a tiros para ocupar sus tierras, muertas a palos por miles, por no trabajar más rápido en sus servicios de explotación, por el imperialismo?

¿Y al negro? ¿Qué «alianza» les puede brindar el sistema de los linchamientos y la preterición brutal del negro de Estados Unidos, a los 15 millones de negros y 14 millones de mulatos latinoamericanos que saben con horror y cólera que sus hermanos del norte no pueden montar en los mismos vehículos que sus compatriotas blancos, ni asistir a las mismas escuelas, ni siquiera morir en los mismos hospitales? ¿Cómo han de creer en este imperialismo, en sus beneficios, en sus «alianzas» (como no sea para lincharlos y explotarlos como esclavos) estos núcleos étnicos preteridos; esas masas, que no han podido gozar ni medianamente de ningún beneficio cultural, social o profesional; que aún en donde son mayorías, o forman millones, son maltratados por los imperialistas disfrazados de Ku-Klux-Klan; son aherrojados a las barriadas más insalubres, a las casas colectivas menos confortables, hechas por ellos; empujados a los oficios más innobles, a los trabajos más duros y a las profesiones menos lucrativas, que no supongan contacto con las universidades, las altas academias o escuelas particulares?

¿Qué Alianza para el Progreso puede servir de estímulo a esos 107 millones de hombres y mujeres de nuestra América, médula del trabajo en ciudades y campos, cuya piel oscura —negra, mestiza, mulata, india— inspira desprecio a los nuevos colonizadores? ¿Cómo van a confiar en la supuesta alianza los que en Panamá han visto con mal contenida impotencia que hay un salario para el yanki y otro salario para el panameño, que ellos consideran raza inferior? ¿Qué pueden esperar los obreros con sus jornales de hambre, los trabajos más rudos, las condiciones más miserables, la desnutrición, las enfermedades y todos los males que incuba la miseria? ¿Qué les puede decir, qué palabras, qué beneficios podrán ofrecerles los imperialistas a los mineros del cobre, del estaño, del hierro, del carbón, que dejan sus pulmones a beneficio de dueños lejanos e inclementes; a los padres e hijos de los maderales, de los cauchales, de los hierbales,[21] de las plantaciones fruteras, de los ingenios de café y de azúcar, de los peones en las pampas y en los llanos que amasan con su salud y con sus vidas la fortuna de los explotadores? ¿Qué pueden esperar estas masas inmensas que producen las riquezas, que crean los valores, que ayudan a parir un nuevo mundo en todas partes; qué pueden esperar del imperialismo, esa boca insaciable, esa mano insaciable, sin otro horizonte inmediato que la miseria, el desamparo más absoluto, la muerte fría y sin historia al fin? ¿Qué puede esperar esta clase, que ha cambiado el curso de la historia en otras partes del mundo, que ha revolucionado al mundo, que es vanguardia de todos los humildes y explotados, qué puede esperar del imperialismo, su más irreconciliable enemigo?

¿Qué puede ofrecer el imperialismo, qué clase de beneficio, qué suerte de vida mejor y más justa, qué motivo, qué aliciente, qué interés para superarse, para lograr trascender sus sencillos y primarios escalones, a maestros, a profesores, a profesionales, a intelectuales, a los poetas y a los artistas; a los que cuidan celosamente las generaciones de niños y jóvenes para que el imperialismo se cebe luego en ellos; a quienes viven sueldos humillantes en la mayoría de los países; a los que sufren las limitaciones de su expresión política y social en casi todas partes; que no sobrepasan, en sus posibilidades económicas, más que la simple línea de sus precarios recursos y compensaciones, enterrados en una vida gris y sin horizontes que acaba en una jubilación que entonces ya no cubre ni la mitad de los gastos? ¿Qué «beneficios» o «alianzas» podrá ofrecerles el imperialismo, que no sea las que redunden en su total provecho?

Si les crea fuentes de ayuda a sus profesiones, a sus artes, a sus publicaciones, es siempre en el bien entendido de que sus producciones deberán reflejar sus intereses, sus objetivos, sus «nadas». Las novelas que traten de reflejar la realidad del mundo de sus aventuras rapaces; los poemas que quieran traducir protestas por su avasallamiento, por su injerencia en la vida, en la mente, en las vísceras de sus países y pueblos; las artes combativas que pretendan apresar en sus expresiones las formas y el contenido de su agresión y constante presión sobre todo lo que vive y alienta progresivamente; todo lo que es revolucionario, lo que enseña, lo que trata de guiar, lleno de luz y de conciencia, de claridad y de belleza, a los hombres y a los pueblos a mejores destinos, hacia más altas cumbres del pensamiento, de la vida y de la justicia, encuentra la reprobación más encarnizada del imperialismo; encuentra la valla, la condena, la persecución macartista.[22] Sus prensas se les cierran; su nombre es borrado de las columnas y se le aplica la losa del silencio más atroz, que es, entonces —una contradicción más del imperialismo—, cuando el escritor, el poeta, el pintor, el escultor, el creador en cualquier material, el científico, empiezan a vivir de verdad, a vivir en la lengua del pueblo, en el corazón de millones de hombres del mundo. El imperialismo todo lo trastrueca, lo deforma, lo canaliza por sus vertientes, para su provecho, hacia la multiplicación de su dólar, comprando palabras, o cuadros, o mudez, o transformando en silencio la expresión de los revolucionarios, de los hombres progresistas, de los que luchan por el pueblo y sus problemas.

No podíamos olvidar en este triste cuadro la infancia desvalida, desatendida; la infancia sin porvenir de América. América, que es un continente de natalidad elevada, tiene también una mortalidad elevada. La mortalidad de niños de menos de un año en 11 países ascendía hace pocos años a 125 por 1 000, y en otros 17, a 90 niños. En 102 países del mundo, en cambio, esa tasa alcanza a 51. En América, pues, se mueren tristemente, desatendidamente, 74 niños de cada 1 000 en el primer año de su nacimiento. Hay países latinoamericanos en los que esa tasa alcanza, en algunos lugares, a 300 por 1 000; miles y miles de niños hasta los siete años mueren en América de enfermedades increíbles: diarreas, pulmonías, desnutrición, hambre; miles y miles de otras enfermedades sin atención en los hospitales, sin medicinas; miles y miles ambulan, heridos de cretinismo endémico, paludismo, tracoma y otros males producidos por las contaminaciones, la falta de agua y otras necesidades. Males de esta naturaleza son una cadena en los países americanos en donde agonizan millares y millares de niños, hijos de parias, hijos de pobres y de pequeño burgueses con vida dura y precarios medios. Los datos, que serán redundantes, son de escalofrío. Cualquier publicación oficial de los organismos internacionales los reúne por cientos.

En los aspectos educacionales, indigna pensar el nivel de incultura que padece esta América. Mientras que Estados Unidos logra un nivel de ocho y nueve años de

escolaridad en la población de 19 años de edad en adelante, América Latina, saqueada y esquilmada por ellos,
tiene menos de un año escolar aprobado como nivel, en
esas mismas edades. E indigna más aún cuando sabemos
que de los niños entre 5 y 14 años solamente están matriculados en algunos países un 20%, y en los de más alto
nivel el 60%. Es decir que más de la mitad de la infancia
de América Latina no concurre a la escuela. Pero el dolor
sigue creciendo cuando comprobamos que la matrícula de
los tres primeros grados comprenden más del 80% de los
matriculados; y que en el grado sexto, la matrícula fluctúa
apenas entre 6 y 22 alumnos de cada 100 que comenzaron
en el 1ro. Hasta en los países que creen haber atendido
a su infancia, ese porcentaje de pérdida escolar entre el
1ro. y el 6to. grados es del 73% como promedio. En Cuba,
antes de la Revolución, era del 74%. En la Colombia de
la «democracia representativa» es del 78%. Y si se fija la
vista en el campo solo el 1% de los niños llega, en el mejor
de los casos, al quinto grado de enseñanza. Cuando se
investiga este desastre de ausentismo escolar, una causa
es la que lo explica: la economía de miseria, falta de escuelas, falta de maestros, falta de recursos familiares, trabajo
infantil. En definitiva, el imperialismo y su obra de opresión y retraso.

El resumen de esta pesadilla que ha vivido América, de
un extremo a otro, es que en este continente de casi 200
millones de seres humanos, formado en sus dos terceras
partes por los indios, los mestizos y los negros, por los dis-
criminados, en este continente de semicolonias, mueren

de hambre, de enfermedades curables o vejez prematura, alrededor de cuatro personas por minuto, de 5 500 al día, de 2 millones por año, de 10 millones cada cinco años. Esas muertes podrían ser evitadas fácilmente, pero, sin embargo, se producen. Las dos terceras parte de la población latinoamericana vive poco y vive bajo la permanente amenaza de muerte. Holocausto de vidas que en 15 años ha ocasionado dos veces más muertes que la guerra de 1914, y continúa. Mientras tanto, de América Latina fluye hacia Estados Unidos un torrente continuo de dinero: unos 4 000 dólares por minuto, 5 millones por día, 2 000 millones por año, 10 000 millones cada cinco años. Por cada 1 000 dólares que se nos van, nos queda un muerto. ¡Mil dólares por muerto: ese es el precio de lo que se llama imperialismo! ¡Mil dólares por muerto, cuatro veces por minuto!

Mas a pesar de esta realidad americana, ¿para qué se reunieron en Punta del Este? ¿Acaso para llevar una sola gota de alivio a estos males? ¡No! Los pueblos saben que en Punta del Este, los cancilleres que expulsaron a Cuba se reunieron para renunciar a la soberanía nacional; que allí el gobierno de Estados Unidos fue a sentar las bases no solo para la agresión a Cuba, sino para intervenir en cualquier país de América contra el movimiento liberador de los pueblos; que Estados Unidos prepara a la América Latina un drama sangriento; que las oligarquías explotadoras, lo mismo que ahora renuncian al principio de la soberanía, no vacilarán en solicitar la intervención de las tropas yankis contra sus propios pueblos, y que con ese fin la delegación norteamericana propuso un Comité de Vigilancia contra la Subversión en la Junta Interamericana de Defensa, con facultades ejecutivas, y la adopción de medidas colectivas. Subversión para los imperialistas yankis es la lucha de los pueblos hambrientos por el pan, la lucha de los pueblos contra la explotación imperialista. Comité de vigilancia en la Junta Interamericana de Defensa con facultades ejecutivas, significa fuerza de represión continental contra los pueblos a las órdenes del Pentágono. Medidas colectivas significan desembarcos de infantes de marina yankis en cualquier país de América.

Frente a la acusación de que Cuba quiere exportar su revolución, respondemos: las revoluciones no se exportan, las hacen los pueblos. Lo que Cuba puede dar a los pueblos, y ha dado ya, es su ejemplo. ¿Y qué enseña la Revolución Cubana? Que la revolución es posible, que los pueblos pueden hacerla, que en el mundo contemporáneo no hay fuerzas capaces de impedir el movimiento de liberación de los pueblos. Nuestro triunfo no habría sido jamás factible si la revolución misma no hubiese estado inexorablemente destinada a surgir de las condiciones existentes en nuestra realidad económico-social, realidad que existe en grado mayor aún en un buen número de países de América Latina.

Ocurre inevitablemente que en las naciones donde es más fuerte el control de los monopolios yankis, más despiadada la explotación de la oligarquía y más insoportable la situación de las masas obreras y campesinas, el poder político se muestra más férreo, los estados de sitio se vuelven habituales, se reprime por la fuerza toda manifestación de descontento de las masas, y el cauce democrático se cierra por completo, revelándose con más evidencia que nunca el carácter de brutal dictadura que asume el poder de las clases dominantes. Es entonces cuando se hace inevitable el estallido revolucionario de los pueblos.

Y si bien es cierto que en los países subdesarrollados de América la clase obrera es en general relativamente pequeña, hay una clase social que, por las condiciones subhumanas en que vive, constituye una fuerza potencial que, dirigida por los obreros y los intelectuales revolucionarios, tiene una importancia decisiva en la lucha por la liberación nacional: los campesinos. En nuestros países se juntan las circunstancias de una industria subdesarrollada con un régimen agrario de carácter feudal. Es por eso que con todo lo dura que son las condiciones de vida de los obreros urbanos, la población rural vive aún en más horribles condiciones de opresión y explotación; pero es también, salvo excepciones, el sector absolutamente mayoritario en proporciones que a veces sobrepasa el 70% de las poblaciones latinoamericanas. Descontando los terratenientes, que muchas veces residen en las ciudades, el resto de esa gran masa libra su sustento trabajando como peones en las haciendas por salarios misérrimos, o labran la tierra en condiciones de explotación que nada tienen que envidiar a la Edad Media. Estas circunstancias son las que determinan que en América Latina la población pobre del campo constituya una tremenda fuerza revolucionaria potencial.

Los Ejércitos, estructurados y equipados para la guerra convencional, que son la fuerza en que se sustenta el poder de las clases explotadoras, cuando tiene que enfrentarse a la lucha irregular de los campesinos en el escenario natural de estos, resultan absolutamente impotentes; pierden 10 hombres por cada combatiente revolucionario que cae, y la desmoralización cunde rápidamente en ellos al tener que enfrentarse a un enemigo visible e invencible que no le ofrece ocasión de lucir sus tácticas de academia y sus fanfarrias de guerra, de las que tanto alarde hacen para reprimir a los obreros y a los estudiantes en las ciudades. La lucha inicial de reducidos núcleos combatientes, se nutre incesantemente de nuevas fuerzas, el movimiento de masas comienza a desatarse, el viejo orden se resquebraja poco a poco en mil pedazos, y es entonces el momento en que la clase obrera y las masa urbanas deciden la batalla. ¿Qué es lo que desde el comienzo mismo de la lucha de esos primeros núcleos los hace invencibles, independientemente del número, el poder y los recursos de sus enemigos? El apoyo del pueblo. Y con ese apoyo de las masas contarán en grado cada vez mayor.

Pero el campesinado es una clase que, por el estado de incultura en que lo mantienen y el aislamiento en que vive, necesita la dirección revolucionaria y política de la clase obrera y los intelectuales revolucionarios, sin la cual no podría por sí sola lanzarse a la lucha y conquistar la victoria. [...].

En las actuales condiciones históricas de América Latina, la burguesía nacional no puede encabezar la lucha antifeudal y antiimperialista. La experiencia demuestra que, en nuestras naciones, esa clase, aun cuando sus intereses son contradictorios con los del imperialismo yanki, ha sido incapaz de enfrentarse a este, paralizada por el miedo a la revolución social y asustada por el clamor de las masas explotadas. Situadas ante el dilema imperialismo o revolución, solo sus capas más progresistas estarán con el pueblo.

La actual correlación mundial de fuerzas, y el movimiento universal de liberación de los pueblos coloniales y dependientes, señalan a la clase obrera y a los intelectuales revolucionarios de América Latina su verdadero papel, que es el de situarse resueltamente a la vanguardia de la lucha contra el imperialismo y el feudalismo.

El imperialismo, utilizando los grandes monopolios cinematográficos, sus agencias cablegráficas, sus revistas, libros y periódicos reaccionarios, acude a las mentiras más sutiles para sembrar el divisionismo, e inculcar entre la gente más ignorantes el miedo y la superstición a las ideas revolucionarias, que sólo a los intereses de los poderosos explotadores y a sus seculares privilegios pueden y deben asustar. El divisionismo —producto de toda clase de prejuicios, ideas falsas y mentiras—, el sectarismo, el dogmatismo, la falta de amplitud para analizar el papel que corresponde a cada capa social, a sus partidos, organizaciones y dirigentes, dificultan la unidad de acción imprescindible entre las fuerzas democráticas y progresistas de nuestros pueblos. Son vicios de crecimiento, enfermedades de la infancia del movimiento revolucionario que deben quedar atrás.

En la lucha antiimperialista y antifeudal es posible vertebrar la inmensa mayoría del pueblo tras metas de liberación que unan el esfuerzo de la clase obrera, los campesinos, los trabajadores intelectuales, la pequeña burguesía y las capas más progresistas de la burguesía nacional. Estos sectores comprenden la inmensa mayoría de la población, y aglutinan grandes fuerzas sociales capaces de barrer el dominio imperialista y la reacción feudal. En ese amplio movimiento pueden y deben luchar juntos, por el bien de sus naciones, por el bien de sus pueblos y por el bien de América, desde el viejo militante marxista, hasta el católico sincero que no tenga nada que ver con los monopolios yankis y los señores feudales de la tierra. Ese movimiento podría arrastrar consigo a los elementos progresistas de las fuerzas armadas, humillados también por las misiones militares yankis, la traición a los intereses nacionales de las oligarquías feudales y la inmolación de la soberanía nacional a los dictados de Washington.[23]

Allí donde están cerrados los caminos de los pueblos, donde la represión de los obreros y campesinos es feroz, donde es más fuerte el dominio de los monopolios yankis, lo primero y más importantes es comprender que no es justo ni es correcto entretener a los pueblos con la vana y acomodaticia ilusión de arrancar, por vías legales que no existen ni existirán, a las clases dominantes, atrincheradas en todas las posiciones del Estado, monopolizadoras de la instrucción, dueñas de todos los vehículos de divulgación y poseedoras de infinitos recursos financieros, un poder que los monopolios y las oligarquías defenderán a sangre y fuego con la fuerza de sus policías y de sus ejércitos.

El deber de todo revolucionario es hacer la revolución. Se sabe que en América y en el mundo la revolución vencerá, pero no es de revolucionarios sentarse en la puerta de su casa para ver pasar el cadáver del imperialismo. El papel de Job no cuadra con el de un revolucionario.[24] Cada año que se acelere la liberación de América, significará millones de niños que se salven para la vida, millones de inteligencias que se salven para la cultura, infinitos caudales de dolor que se ahorrarían los pueblos. Aun cuando los imperialistas yankis preparen para América un drama de sangre, no lograrán aplastar la lucha de los pueblos, concitarán contra ellos el odio universal, y será también el drama que marque el ocaso de su voraz y cavernícola sistema.

Ningún pueblo de América Latina es débil, porque forma parte de una familia de 200 millones de hermanos que padecen las mismas miserias, albergan los mismos sentimientos, tienen el mismo enemigo, sueñan todos [con] un mismo mejor destino, y cuentan con la solidaridad de todos los hombres y mujeres honrados del mundo entero. Con lo grande que fue la epopeya de la independencia de América Latina, con lo heroica que fue aquella lucha, a la generación de latinoamericanos de hoy les ha tocado una epopeya mayor y más decisiva todavía para la humanidad. Porque aquella lucha fue para librarse del poder colonial español, de una España decadente, invadida por los ejércitos de Napoleón. Hoy les toca la lucha de liberación frente a la metrópoli imperial más poderosa del mundo, frente a la fuerza más importante del sistema imperialista mundial, y para prestarle a la humanidad un servicio todavía más grande del que le prestaron nuestros antepasados.

Pero esta lucha, más que aquella, la harán las masas, la harán los pueblos; los pueblos van a jugar un papel mucho más importante que entonces; los hombres, los dirigentes, importan e importarán en esta lucha menos de lo que importaron en aquella. Esta epopeya que tenemos delante la van a escribir las masas hambrientas de indios, de campesinos sin tierra, de obreros explotados; la van a escribir las masas progresistas, los intelectuales honestos y brillantes que tanto abundan en nuestras sufridas tierras de América Latina. Lucha de masas y de ideas; epopeya que llevarán adelante nuestros pueblos maltratados y despreciados por el imperialismo, nuestros pueblos descono-cidos hasta hoy, que ya empiezan a quitarle el sueño. Nos consideraba rebaño impotente y sumiso, y ya se empieza a asustar de ese rebaño; rebaño gigante de 200 millones de latinoamericanos en los que advierte ya a sus sepultureros el capital monopolista yanki.

Con esta humanidad trabajadora, con estos explotados infrahumanos, paupérrimos, manejados por los métodos de fuete y mayoral,[25] no se ha contado o se ha contado poco. Desde los albores de la independencia sus destinos han sido los mismos: indios, gauchos, mestizos, zambos, cuarterones, blancos sin bienes ni rentas, toda esa masa humana que se formó en las filas de la «patria» que nunca disfrutó, que cayó por millones, que fue despedazada, que ganó la independencia de su metrópoli para la burguesía; esa, que fue desterrada de los repartos, siguió ocupando el último escalafón de los beneficios sociales, siguió muriendo de hambre, de enfermedades curables, de desatención, porque para ella nunca alcanzaron los bienes salvadores: el simple pan, la cama de un hospital, la medicina que salva, la mano que ayuda.

Pero la hora de su reivindicación, la hora que ella misma se ha elegido, la vienen señalando con precisión ahora también de un extremo a otro del continente. Ahora, esta masa anónima, esta América de color, sombría, taciturna, que canta en todo el continente con una misma tristeza y desengaño, ahora esta masa es la que empieza a entrar definitivamente en su propia historia, la empieza a escribir con su sangre, la empieza a sufrir y a morir. Porque ahora, por los campos y las montañas de América, por las faldas de sus sierras, por sus llanuras y sus selvas, entre la soledad, o en el tráfico de las ciudades, o en las costas de los grandes océanos y ríos, se empieza a estremecer este mundo lleno de razones, con los puños calientes de deseos de morir por lo suyo, de conquistar sus derechos casi quinientos años burlados por unos y por otros.

Ahora, sí, la historia tendrá que contar con los pobres de América, con los explotados y vilipendiados de América Latina, que han decidido empezar a escribir ellos mismos, para siempre, su historia. Ya se les ve por los caminos, un día y otro, a pie, en marchas sin término, de cientos de kilómetros, para llegar hasta los «olimpos» gobernantes a recabar sus derechos. Ya se les ve, armados de piedras, de palos, de machetes, de un lado y otro, cada día, ocupando las tierras, fincando sus garfios en la tierra que les pertenece y defendiéndola con su vida; se les ve llevando sus cartelones, sus banderas, sus consignas, haciéndolas correr en el viento por entre las montañas o a lo largo de los llanos. Y esa ola de estremecido rencor, de justicias reclamadas, de derecho pisoteado que se empieza a levantar por entre las tierras de Latinoamérica, esa ola ya no parará más. Esa ola irá creciendo cada día que pase, porque esa ola la forman los más, los mayoritarios en todos los aspectos, los que acumulan con su trabajo las riquezas, crean los valores, hacen andar las ruedas de la historia, y que ahora despiertan del largo sueño embrutecedor a que los sometieron.

Porque esta gran humanidad ha dicho «¡Basta!» y ha echado a andar. Y su marcha de gigantes ya no se detendrá hasta conquistar la verdadera independencia, por la que ya han muerto más de una vez inútilmente. ¡Ahora, en todo caso, los que mueran, morirán como los de Cuba, los de Playa Girón, morirán por su única, verdadera, irrenunciable independencia!

¡Patria o Muerte!

¡Venceremos!

El pueblo de Cuba

La Habana, Cuba, Territorio Libre de América, Febrero 4 de 1962

La Asamblea General Nacional del Pueblo de Cuba resuelve que esta Declaración sea conocida como Segunda Declaración de La Habana, trasladada a los principales idiomas y distribuida en todo el mundo. Acuerda asimismo solicitar de todos los amigos de la Revolución Cubana en América Latina que sea difundida ampliamente entre las masas obreras, campesinas, estudiantiles e intelectuales de los pueblos hermanos de este continente (APLAUSOS).

Se somete a la aprobación del pueblo esta Declaración y se solicita que todos los ciudadanos que estén de acuerdo levanten la mano. (LA MULTITUD LEVANTA LAS MANOS CON UNA OVACIÓN PROLONGADA Y CANTAN EL HIMNO NACIONAL CUBANO Y LA INTERNACIONAL). Queda aprobada por el pueblo de Cuba la Segunda Declaración de La Habana, y se da por terminada esta asamblea.

Notas

1. Además de los ya mencionados próceres de las luchas por la primera independencia de América Latina frente al colonialismo español —Simón Bolívar, Miguel Hidalgo, José de San Martín, Bernardo O'Higgins, Antonio José de Sucre y José Martí—, incluye a Joaquim José da Silva Xavier, alias *Tiradentes* (1748-1792), quien con toda justicia es considerado el precursor de las luchas por la independencia de Brasil contra el dominio colonial portugués. También incluye a Benito Juárez, el presidente liberal y popular de México que encabezó las victoriosas luchas de su pueblo contra la ocupación francesa entre 1862 y 1867. Por esa epopeya, Juárez ha sido identificado como el Benemérito de América.

2. Alude una de las más célebres frases empleadas por José Martí para referirse a los Estados Unidos. Por otra parte, en Cuba la palabra «arrias» se emplea para definir la recua de mulos que habitualmente se emplean como medios de carga en las zonas rurales. Por tanto, la expresión «arrias del Norte revuelto y brutal que nos desprecia» tiene una connotación altamente negativa, ya que compara a los gobernantes latinoamericanos con los animales que siguen ciegamente las órdenes del arriero.

3. La Doctrina Monroe, proclamada el 2 de diciembre de 1823 por el entonces presidente estadounidense James Monroe (1817-1825), al igual que sus diversos corolarios ha sido empleada históricamente por los círculos de poder de ese país como uno de los fundamentos de sus diversas estrategias de dominación sobre América Latina y el Caribe.

4. En la trascripción del discurso que hemos consultado dice «posternados»; pero debiera decir como aparece entre corchetes: «prosternados»; es decir, «arrodillados».

5. Alude a una de las ideas presentes en algunos de los artículos periodísticos en los que José Martí criticó acerbamente la Primera Conferencia Internacional de Estados Americanos, efectuada en la capital estadounidense a fines de 1889 y comienzos de 1890. Pese a sus escasos resultados, la historiografía considera con razón que esa conferencia fue la madre putativa del posteriormente llamado «panamericanismo».

6. Critica una de las peregrinas ideas contenidas en la Declaración de San José de Costa Rica.

7. Alude a la organización racista estadounidense, que desde su fundación utilizó el linchamiento de ciudadanos negros como uno de sus métodos de terror e intimidación.

8. Se refiere a Julius Robert Oppenheimer (1904-1967), físico estadounidense que dirigió el desarrollo de las primeras bombas atómicas. Ante su oposición al desarrollo de la bomba de hidrógeno y frente su apoyo al control de armamentos, en 1954 se le apartó de su cargo como consejero del gobierno estadounidense bajo la acusación de procomunista y de haberse convertido en un riesgo para la seguridad nacional de Estados Unidos. En las investigaciones que siguieron a esa acusación, Oppenheimer denunció duramente las responsabilidades de los políticos y los militares estadounidenses en la instrumentación de la ciencia. Dedicó los últimos años de su vida a estudiar la relación entre ciencia y sociedad.

9. Paul Robeson (1898-1976), prestigioso cantante, actor y dramaturgo estadounidense. Debido a sus posiciones político-ideologías progresistas, y a su defensa de la igualdad de derechos para los negros y por los derechos civiles en los Estados Unidos, le fue retirado el pasaporte estadounidense, por lo que vivió «prisionero en su país» y aislado de todo el mundo prácticamente hasta que falleció en Filadelfia, el 23 de enero de 1976.

10. Se refiere al matrimonio de origen judío Ethel y Julius Rosenberg, ejecutados en la silla eléctrica el 19 de junio de 1953 bajo el cargo de haber transferido secretos nucleares a la URSS. Dada la histeria anticomunista que rodeó al tribunal que los condenó a la pena máxima, su ejecución ha sido considerada uno de los crímenes más horrendos de la presidencia de Harry Truman.

11. Alude otra de las frases utilizadas por José Martí para definir los objetivos que cumpliría la República «con todos y para el bien de todos» que se instauraría en Cuba luego de la derrota del colonialismo español.

12. Se refiere al afamado líder agrario mexicano Emiliano Zapata, asesinado el 10 de abril de 1919 luego de ser llevado a una emboscada por el traicionero general Pablo González, quien cumplía órdenes del entonces presidente de México, Venustiano Carranza (1914-1920), y de su ministro de Defensa y posterior presidente, general Álvaro Obregón. También alude al General de Hombres Libres y Héroe de la Segovia, Augusto C. Sandino, quien —luego de derrotar en 1933 a las tropas intervencionistas estadounidenses que ocupaban Nicaragua— fue

asesinado impunemente en 1934 cumpliendo órdenes del entonces jefe de la Guardia Nacional, Anastasio Somoza García, previamente refrendadas por el embajador estadounidense en Nicaragua, Arthur Bliss.

13. Alude a la piedra que, con su honda, le lanzó David, el joven campeón israelita que años después llegaría a ser rey de Judá e Israel, a Goliat, el gigante bíblico de la ciudad filistea de Gat. Según algunos de los relatos sobre ese enfrentamiento, Goliat pereció como consecuencia de esa pedrada, lo que decidió la victoria del pueblo judío sobre los filisteos.

14. En el momento en que se redactó esa declaración, aún no había sido abandonado el concepto de que Cristóbal Colón había sido el «descubridor» de América; y en particular de América Latina y el Caribe. Sin embargo, en los años previos a la celebración del «quinto centenario del descubrimiento de América», Fidel Castro desarrolló una intensa crítica a esa falacia histórica.

15. Alude a los acontecimientos que se produjeron en Santo Domingo después del asesinato por parte de un comando organizado por la CIA del sátrapa Rafael Leónidas Trujillo (30 de mayo de 1961). Luego de ese hecho —con el apoyo de las fuerzas armadas— se mantuvo en la presidencia el testaferro de Trujillo, Joaquín Balaguer. En esas circunstancias, y ante las crecientes protestas populares, el gobierno de los Estados Unidos situó barcos de guerra cerca de las costas dominicanas, lo cual indujo a la oposición burguesa a aceptar que Balaguer se mantuviera en el gobierno hasta que le entregara la presidencia al representante de la oposición burguesa, Rafael Bonnelly, quien se encargó de organizar las elecciones presidenciales de diciembre de 1962.

16. Alude al Tratado Interamericano de Asistencia Recíproca (TIAR), firmado en 1947 entre los gobiernos de los Estados Unidos y de los veinte estados «independientes» que existían en América Latina y el Caribe. Por haberse firmado en la entonces capital de Brasil, también se le denomina Pacto de Río de Janeiro.

17. Se refiere a los denodados esfuerzos que tuvo que realizar el secretario de Estado norteamericano Dean Rusk (denominado por Fidel Castro «el ministro de colonias») para obtener los dos tercios de votos que necesitaba para aprobar la expulsión de Cuba de la OEA.

18. Alude a los maestros cubanos asesinados por las bandas contrarrevolucionarias financiadas y abastecidas por el gobierno de los Estados Unidos. Símbolo de esos maestros fue Conrado Benítez, cuyo nombre identificó a la Brigada de cien mil alfabetizadores que eliminaron

el analfabetismo en Cuba a fines del año 1961. Previamente también había sido asesinado el joven alfabetizador Manuel Ascunce Domenech.

19. El vapor francés *La Coubre* explotó en el puerto de La Habana el 4 de marzo de 1960 en el momento en que estaba descargando un lote de armas vendido a Cuba por el gobierno belga. Como inmediatamente había denunciado Fidel Castro, la manera como se produjo la explosión dejaba muy pocas dudas de que había sido fruto de un sabotaje organizado por la CIA.

20. Se refiere a la Organización del Atlántico Norte (OTAN), organización político-militar fundada por los Estados Unidos y sus principales aliados de Europa occidental el 4 de abril de 1949. En el momento en que se pronunció el discurso, la integraban Bélgica, Reino Unido, Canadá, Dinamarca, Francia, Islandia, Italia, Luxemburgo, Países Bajos, Noruega, Portugal y Estados Unidos, Grecia, Turquía y la República Federal Alemana. Por su parte, la Organización del Tratado del Sureste Asiático (SEATO) fue fundada el 8 de septiembre de 1954 por los gobiernos de Australia, Francia, Reino Unido, Nueva Zelanda, Pakistán, Filipinas, Tailandia y Estados Unidos. A semejanza de la OTAN, la SEATO tenía como objetivo «evitar la expansión del comunismo». Ese propósito también animó la fundación de la CENTO *(Central Treaty Organization),* organización político-militar que funcionó entre 1959 y 1979. En el momento en que se pronunció el discurso estaba integrada por Irán, Pakistán, Turquía y Gran Bretaña.

21. Alude a los productores de la hierba mate que se consume en forma de infusión en los países ubicados en la Cuenca del Río de la Plata.

22. Se refiere a la acérrima política anticomunista desarrollada por los sectores más reaccionarios de los Estados Unidos y de América Latina como prolongación de la labor represiva del llamado Comité de Actividades Antiamericanas, encabezado en la década de 1950 por el senador republicano estadounidense Joseph Raymond McCarthy (1908-1957).

23. Al igual que otros escritores y oradores, Fidel Castro emplea la frase «los dictados de Washington» como sinónimo de las órdenes del gobierno de los Estados Unidos.

24. Alude a Job, personaje principal de un libro homónimo del Antiguo Testamento, a quien se le atribuye una actitud quietista, hasta que Dios resolviera las discrepancias que tenía con sus tres amigos (Elifaz, Bildad y Sofar), al igual que con el joven Elihú, que había acudido a consolarlo. Por analogía, «la actitud de Job» es identificada como una postura de paciencia infinita para encontrar soluciones a los graves

problemas que entonces afectaban (y todavía afectan) a América Latina y el Caribe.

25. En Cuba, el mayoral era el encargado de garantizar el trabajo de los esclavos utilizando el látigo o el fuete. Por extensión se aplicó el término a los encargados de garantizar a cualquier precio (incluido el empleo de la coacción o la fuerza física) la explotación de los trabajadores del campo y de la ciudad, aunque en este último caso, por lo general, eran llamados «los capataces».

Seven Stories Press
on Gilbert
40 Watts Street
S-NY, 10013
S
ttps://www.sevenstories.com
n@sevenstories.com
10-306-6987

he authorized representative in the EU for product safety and compliance is

asy Access System Europe
eemu Kontttinen
Iustamäe tee 50
CZ, 10621
E
ttps://easproject.com
osr.requests@easproject.com
58 40 500 3575

BN: 9781925019582
elease ID: 153688514